Bababu
e a Natureza

Autora
Christie Balbino

Ilustração
Julie Sodré

EDITORA ATHENEU

São Paulo — Rua Jesuíno Pascoal, 30
Tels.: (11) 6858-8750
Fax: (11) 6858-8766
E-mail: edathe@atheneu.com.br

Rio de Janeiro — Rua Bambina, 74
Tel.: (21) 3094-1295
Fax: (21) 3094-1284
E-mail: atheneu@atheneu.com.br

Ribeirão Preto — Rua Barão do Amazonas, 1.435
Tel.: (16) 3323-5400
Fax: (16) 3323-5402
E-mail: editoratheneu@netsite.com.br

Belo Horizonte — Rua Domingos Vieira, 319 — Conj. 1.104

ILUSTRAÇÕES DE MIOLO E CAPA: Julie Sodré

**Dados Internacionais de Catalogação na Publicação (CIP)
(Câmara Brasileira do Livro, SP, Brasil)**

Balbino, Christie
  Bababu e a natureza / Christie Balbino; ilustração Julie Sodré. – São Paulo: Editora Atheneu, 2007.

28 p.

ISBN 85-85340-14-2

1. Literatura infanto-juvenil – Brasil. I. Sodré, Julie.
II. Título

B172b
                                             CDD-808.899282

Índices para catálogo sistemático:
1. Literatura infanto-juvenil: Brasil   808.899282

CHRISTIE BALBINO
Bababu e a Natureza

© *EDITORA ATHENEU* — *São Paulo, Rio de Janeiro, Ribeirão Preto, Belo Horizonte, 2007*

Dedico esse livro à minha pequena filha Eduarda,
que me inspirou a escrevê-lo ao dizer sua primeira palavra:
– Bababu!

Arco-Íris

Um lindo arco em todas as cores
de dar inveja às mais belas flores.
Vai crescendo com a força de um touro
e termina num grande pote de ouro.

O arco-íris se forma em dias de sol e de...

Logo pego o guarda-chuva
que é um belo protetor.
Nestes dias de preguiça, bom mesmo
é ler um livro debaixo do cobertor.

Em dias de chuva temos o...

Forte ou fraco, quente ou frio.
O vento pode-nos dar um arrepio.
Quando se transforma em um furação
é capaz de tirar nossos pés do chão.

O tornado consegue-nos fazer voar,
mas preferimos ficar na...

Chão de areia ou de barro,
onde pisamos e plantamos.
Sob uma sombra descansamos,
dormimos e até sonhamos.

Sonhos nos lembram...

Estrelas

Salpicam o céu escurecido,
piscando em amarelo, branco ou colorido.
Procuro, com a ajuda de uma luneta,
encontrar o rastro de um belo cometa.

Se as estrelas não aparecem,
é porque se escondem atrás das...

Nuvens

Suas formas são definidas por nossa imaginação.
Sua brincadeira favorita é mudar de direção.
São pequenas, leves e breves
ou grandes, pesadas e fechadas.

Quando o céu está tomado por estas, cuidado! Vem aí uma.

Tempestade

Forte, assustadora e barulhenta,
parece que a natureza está com uma raiva violenta.
Com medo do clarão e do trovão,
tapo os meus olhos com minha mão.

No escuro brilham os raios, que saem das nuvens e mergulham no...

Nele moram os peixes grandes, pequenos e minúsculos,
algas, corais e moluscos.
Um dia está agitado e turbulento,
no outro, calmo e sonolento.

Quando fica espelhado, de tão parado, reflete o brilho da...

Grande bola prateada
ou fina unha delicada.
Vem tranqüila e iluminada,
trazendo o sono da pessoa amada.

Em noite de lua, a terra fica cheia de...

Orvalho

Formado de minúsculas gotas de água,
que deixam a paisagem toda bordada.
Brilham e cintilam de tanta alegria,
anunciando o início de um novo dia.

A terra fria aguarda ansiosa, a chegada do caloroso...

Poderoso, quente e orgulhoso.
Com sua luz expulsa a noite, sempre impiedoso.
Ele nos convida a toda hora
a brincar do lado de fora.

Só tem um elemento, que é mais forte que
o seu temperamento...

Neve

Gelada, crocante e molhada.
Pinta de branco o chão, o telhado e a calçada.
O Bababu é da cor da neve, bem branquinho,
e desaparece, confundido, como se fosse um floquinho.